Verschreibungen zum Glücklichsein

Verschreibungen zum Glücklichsein

Doris Wolf und Rolf Merkle

pal

CIP-Titelaufnahme der Deutschen Bibliothek

Wolf, Doris
Verschreibungen zum Glücklichsein / Doris Wolf ; Rolf Merkle. - 6. Aufl. - Mannheim : PAL-Verl.-Ges., 1991
ISBN 3-923614-04-7
NE: Merkle, Rolf:

6. Auflage 1991

Herstellung: C. Bockfeld, Neustadt
ISBN 3-923614-04-7
(ISBN 3-923614-03-9 Erstausgabe 1982)

Machen Sie Ihr Leben
zu einem blühenden Garten

**In diesem Buch erfahren Sie,
wie Sie trotz allem,
was Sie bisher erfahren haben,
und noch erfahren werden,
mehr Freude und Begeisterung
in Ihr Leben bringen können.**

**Sie allein bestimmen nämlich
Ihr Glück und Ihre Freude.**

**Die Quelle Ihres Glücks
und Ihrer Zufriedenheit
liegt in Ihren Gedanken.**

Stellen Sie sich Ihren Geist
als eine sehr fruchtbare Erde vor,
in der sowohl wunderschöne Blumen
als auch Unkraut gedeihen.

Gedanken, die Sie daran hindern,
sich am Leben zu erfreuen,
sind das Unkraut Ihres Geistes.
Ihre positiven Gedanken,
die Ihnen zu einem Gefühl
des Glücks und der Liebe verhelfen,
sind die Blumen Ihres Geistes.
Da Unkraut nur wenig Pflege und
Sorgfalt benötigt,
müssen Sie aufpassen,
daß es sich nicht in Ihrem Garten
ausbreitet.

Mit Hilfe der vier Verschreibungen
zum Glücklichsein,
die Sie in diesem Buch finden,
können Sie Ihren Garten vom Unkraut
befreien und ihn in ein blühendes
Paradies verwandeln.

Beginnen Sie heute damit,
das Unkraut Ihres Geistes
durch Blumen zu ersetzen.

Es ist Ihr Garten.
Sie haben die Freiheit,
zu pflanzen, was Sie möchten.

**Nutzen Sie diese Freiheit,
um Ihr Leben zu verschönern.
Sie haben die Fähigkeit,
Ihr Leben nach Ihren
Wünschen und Vorstellungen
zu gestalten.
Sie sind der Schöpfer und
Meister Ihres Lebens.
Auch in Ihnen
steckt noch mehr Freude.**

Sie haben sich bis jetzt
in Ihrem Wachstum eingeschränkt.
Sie haben sich von vielem abgehalten,
wofür es sich lohnt,
zu leben:

FREUDE

LIEBE

GLÜCK

INNERE HARMONIE

AUSGEFÜLLTSEIN

GESUNDHEIT

Falls es tröstlich für Sie ist:

fast jeder
den Sie kennen,
hat sein Leben ebenfalls
so eingeschränkt.

Aber Sie müssen
Ihre düstere Liste
des Unglücklichseins nicht fortsetzen.
Vielleicht hatten Sie bisher ein Leben
ohne viel Wärme und Liebe,
mit einer unerfüllten Partnerschaft,
voller Angst und Sorgen,
sexueller Unzufriedenheit,
Langeweile,
Einsamkeit,
Wut und Haß,
Minderwertigkeitsgefühlen,
Enttäuschungen,
Ärger und Gereiztheit,
Eifersucht,
Magenbeschwerden, Bluthochdruck,
und, und ......

**Warum wollen Sie sich
noch weiter quälen?**

**Sie haben schon heute
die Möglichkeit,
sich besser zu fühlen!**

**Es liegt in Ihrer Hand.
Sie entscheiden darüber,
wie es Ihnen geht.**

**Sie müssen
sich das nicht länger antun.**

Bis jetzt haben Sie
für all das andere,
die Umstände
oder Ihre Vergangenheit
verantwortlich gemacht.

Sie taten das aus Unwissenheit,
vielleicht aber auch,
weil Sie nicht wußten,
wie Sie es ändern können.

Es sind jedoch nicht die anderen,
die bei Ihnen stets aufs neue
Ihr Unglücklichsein hervorrufen.
Sie selbst tun sich all das an.

Es sind Ihre
Erwartungen und Forderungen,
Einstellungen und Beurteilungen,
es ist die Art und Weise,
wie Sie von sich und der Welt denken,
die Sie unglücklich machen.

Vielleicht fragen Sie sich nun:

„Ist es denn überhaupt möglich,
in unserer Welt,
in der alles drunter und drüber geht,
ein glückliches und zufriedenes
Leben zu führen"?

Ja, wenn . . . . .

Sind Sie darauf gefaßt?

Sie können glücklich sein,
wenn Sie die vier Verschreibungen,
die Sie in diesem Buch kennenlernen,
auf Ihr Leben anwenden.

Es gibt jedoch jemanden,
der sich Ihnen
in den Weg stellen wird,
dann,
wenn Sie diese Verschreibungen
am meisten brauchen.

Das sind SIE!

Es sind
Ihre Ansichten und Vorstellungen,
die Ihnen den Weg versperren
und die Sie davon abhalten,
Ihr Leben zufrieden zu leben.

Es sind Gedanken wie:

„Das bringt doch nichts",
oder
„Das schaffe ich nicht",
oder
„Das hat keinen Sinn".

Bemerken Sie,
wie solche Gedanken
Sie mutlos und deprimiert machen?

Aber Sie können lernen,
diese Hindernisse zu überwinden.

Wir wissen,
daß Sie wirklich
ein glückliches Leben
leben wollen.

Wir alle wollen das.
So lassen Sie uns damit beginnen.

**Hier ist
die erste
der vier Verschreibungen
zum Glücklichsein.**

*Bemühen Sie sich,
das zu bekommen,
was Sie möchten,
aber fordern Sie es nicht.*

**Sie haben eine größere Chance,
das zu bekommen,
was Sie sich wünschen,
wenn Sie sich darum bemühen.**

Das ist verständlich.

**Warum aber tun Sie
und viele andere Menschen
oft gerade das Gegenteil davon?**

**Warum sind Sie oft still
und sagen nicht, was Sie wollen?**

Erwarten Sie,
daß die anderen Ihre Gedanken
lesen können?

Befürchten Sie,
daß die Leute auf Sie wütend sind,
wenn Sie danach fragen?

Befürchten Sie,
die anderen könnten Sie ablehnen?

Zögern Sie vielleicht,
sich selbst zu behaupten,
weil Sie sich und Ihre Wünsche
für unbedeutend halten?

**Sagen Sie einfach,
was Sie möchten,
ohne etwas vorzutäuschen,
ohne Scham,
ohne zu drohen,
ohne laut zu werden.**

Sagen Sie: „Ich möchte . . . ".

**Es ist ganz einfach,
seine Wünsche zu äußern.
Probieren Sie es einmal.**

**Sie brauchen nicht zu betteln
oder dem anderen zu schmeicheln,
wenn Sie das tun.**

**Sie brauchen nicht zu schreien
oder heftig zu werden.**

**Sie brauchen nicht in eisiges Schweigen
zu verfallen, wenn andere nicht tun,
was Sie von ihnen wollen.**

**Sie brauchen die anderen nicht
zu beschimpfen oder abzuwerten,
wenn diese Ihnen nicht geben,
was Sie möchten.**

**Sagen Sie einfach, aber bestimmt,
was Sie möchten.**

Sie werden üben müssen,
Wünsche zu äußern, v i e l e Male.

Sie werden es nicht immer leicht finden,
in einer ruhigen, aber bestimmten Art
nach
Liebe,
Verständnis,
Zärtlichkeit,
Hilfe,
Entgegenkommen
oder Geld zu fragen.

Es ist eine Fähigkeit,
die Sie entwickeln und üben müssen,
wenn Sie ein glückliches Leben
führen wollen.

Sie haben es geschafft,
wenn Sie ruhig
und mit derselben Leichtigkeit
nach allem fragen können,
wie wenn Sie jemanden bitten,
die Tür zu schließen.

**Lassen Sie uns den zweiten Teil
der Verschreibung anschauen:
„aber fordern Sie es nicht".**

**Vielleicht fordern Sie,
daß die anderen das tun,
was Sie möchten.**

**Vielleicht fordern Sie,
daß alle Menschen Sie mögen müssen.**

**Vielleicht fordern Sie,
daß die Welt gerechter sein sollte.**

**Vielleicht fordern Sie auch,
daß Sie keine Fehler machen dürfen
und in allem perfekt sein müssen.**

Warum stellen Sie
oft und beinahe automatisch
so viele Forderungen?

Befürchten Sie vielleicht,
nicht das zu bekommen,
was Sie möchten?

Befürchten Sie,
daß andere Sie nicht respektieren?

Befürchten Sie,
daß andere Sie übergehen?
Befürchten Sie,
ungerecht behandelt zu werden?

**Warum wollen Sie sich
das noch länger antun?**

**Warum pochen Sie manchmal
sogar dann auf Ihr Recht,
wenn Sie sich dadurch
unglücklich machen?**

**Bekommen Sie dadurch
wirklich immer das,
was Sie sich am meisten wünschen?**

**Wenn Sie sich genau betrachten,
was Sie mit all Ihren Forderungen
erreicht haben,
dann werden Sie vermutlich
zu dem Schluß kommen:**

**Die meisten Forderungen,
die Sie stellen,
führen nicht dazu,
daß Sie zufrieden sind.
Im Gegenteil.
Sie verlieren mehr Zufriedenheit,
als Sie gewinnen.**

**Manchmal bekommen Sie
durch Ihre Forderungen,
was Sie wollen.**

**Aber es ist das Gleiche,
wie wenn Sie eine Mark verlieren
und
dafür einen Pfennig finden.**

Sie verlieren:

Freude,
Ausgeglichenheit,
Humor,
Spaß
und Ihre innere Ruhe.

Sie gewinnen:

vielleicht die Genugtuung,
es dem anderen
oder
sich selbst mal wieder
gezeigt zu haben,
was Sie können und wer Sie sind.

Was bedeutet es nun,
aufzuhören, etwas zu fordern?

Das bedeutet,
daß Sie den Druck,
den Sie in Ihrem Innern spüren,
verlieren.

Das bedeutet,
Ihre steinerne Miene zu verlieren,
die Sie aufsetzen, wenn Sie fordern.

Das bedeutet,
daß Sie aufhören,
das Leben so finster und ernst
zu nehmen.

Es ist,
als ob Sie ein Spiel spielen.
Wenn Sie ein Spiel verlieren,
dann brauchen Sie sich dafür nicht
zu schämen oder gar an sich zu
zweifeln.

In Wirklichkeit verlieren Sie nur
Äußerlichkeiten und Nebensächliches.

Sie gewinnen Harmonie, Liebe
und Gesundheit in Ihrem Körper.

Es ist in Ordnung, zu verlieren!

Was bedeutet es, zu sagen,
was Sie wollen, ohne es zu fordern?

Es bedeutet,
daß Sie unbeschwert,
ja manchmal sogar humorvoll fragen.

Es bedeutet,
daß Sie die Dinge so sagen,
daß die anderen nicht herumrätseln
müssen, was Sie wollen.

Es bedeutet,
daß Sie nicht bedrückt umhergehen,
in der Hoffnung,
jemand werde Sie fragen,
was mit Ihnen los ist.

Es bedeutet auch,
daß Sie aufhören, Prophet zu spielen,
indem Sie schon im voraus entscheiden,
daß die anderen Ihnen nicht geben
werden, was Sie wollen.

Es bedeutet aber auch,
heute danach zu fragen,
obwohl Sie gestern erfolglos
gefragt haben.

**Lassen Sie es nicht zu,
daß Ihre Erinnerungen an das Gestern
den heutigen Tag überschatten.
Das Gestern ist aus und vorbei.
Es lebt nur noch
in Ihrer Erinnerung weiter.**

Was zählt ist das Heute!!!

**Wenn Sie auch heute den Wunsch
danach haben, fragen Sie aufs neue.**

**Jetzt haben Sie eine Vorstellung,
von Verschreibung Nr. 1**

**Sie können alles sein und erreichen,
was Sie sich wünschen,
wenn Sie das Risiko eingehen,
auch heute abgewiesen zu werden.**

**Wir wünschen Ihnen deshalb, daß Sie
den Mut und die Ausdauer finden,
auch heute zu fragen,
obwohl Sie gestern vergebens
gefragt haben.**

**Das ist Ihr erster Schritt
in ein Leben mit mehr
Zufriedenheit und Glück.**

Hier ist nun
die zweite Verschreibung
zum Glücklichsein.

Akzeptieren Sie,
was auch immer passiert,
...für den Augenblick

Diese Verschreibung
ist vielleicht am schwierigsten
für Sie zu befolgen.

Akzeptieren Sie,
was auch immer passiert,
... für den Augenblick.

Das kann für Sie bedeuten,
das ‚Unannehmbare' anzunehmen,
das ‚Unvergeßliche' zu vergessen,
oder
das ‚Nicht-Liebenswerte' zu lieben.

Verstehen Sie uns nicht falsch!

**Es geht nicht darum,
daß Sie alles akzeptieren
und hinnehmen sollen.**

**Es geht nicht darum,
daß Sie resignieren.**

**Es geht darum, daß Sie,
wenn Sie von jemandem
betrogen,
ausgelacht,
schlecht behandelt oder
beleidigt werden,
das nicht rückgängig machen
können, gleichgültig, wie sehr
Sie sich darüber aufregen.**

Sie haben nur zwei Möglichkeiten,
nämlich,
im Augenblick zu akzeptieren,
daß es passiert ist,
oder
sich darüber aufzuregen,
sich Stunden, ja Tage damit zu quälen
und sich so das Leben
schwer zu machen.

Es sind Ihr Ringen und Fordern,
nicht das Leben,
die Sie unglücklich machen!

Halten Sie einen Moment inne
und machen Sie eine Liste
von all den Dingen,
die Sie letztes Jahr und das Jahr
zuvor nicht akzeptieren konnten.

Ist es nicht so,
daß Sie gelernt haben, einige
dieser Dinge zu akzeptieren,
daß Sie sich damit abgefunden haben,
sie als unveränderbar zu sehen?

Sie haben eine andere Einstellung
zu diesen Dingen entwickelt.

**Sie können auch zu den Dingen,
die Sie bis jetzt noch
nicht akzeptieren,
eine andere Sichtweise entwickeln.**

**Nehmen Sie hierzu
die zweite Verschreibung
zu Hilfe.**

**Es sind immer Ihre Forderungen,
die Sie an sich
und andere Menschen stellen,
die Sie daran hindern,
glücklich zu sein.**

Akzeptieren Sie,
was auch immer passiert,
für den Augenblick,

das heißt nicht,
daß Sie das mögen müssen,
was passiert;

das heißt nicht,
daß Sie nicht versuchen dürfen,
das Geschehene zu verändern;

das heißt nicht,
daß Sie denken müssen,
alles, was geschieht,
ist richtig.

Akzeptieren Sie,
was auch immer passiert,
für den Augenblick,

das heißt,
daß Sie aufhören,
sich ärgerlich, ängstlich,
besorgt und unglücklich zu machen.

Auch wenn Ihr Geist fordert,
es nicht zu akzeptieren,
und er mit Ihnen sein
altes Spiel spielen will,
dann schenken Sie ihm
einfach keine Beachtung.

Sagen Sie sich stattdessen:

„Ich wünschte,
es wäre anders gekommen.
Es gefällt mir nicht,
es durchkreuzt meine Pläne,
aber ich kann akzeptieren,
daß es im Moment so ist".

Betrachten Sie alles,
das sich Ihnen in den Weg stellt,
als eine Herausforderung,
die das Leben für Sie bereithält.

Sie werden aufgefordert,
mehr aus sich zu machen,
dazuzulernen,
Ihre Fertigkeiten zu verbessern.

Sind Sie froh,
daß jemand dieses Hindernis
für Sie aufgestellt hat.
Es gibt Ihnen die Chance,
über sich selbst hinauszuwachsen.

Es liegt bei Ihnen!

**Sie können dieses Hindernis als
eine Herausforderung betrachten,
die Ihnen die Möglichkeit gibt,
zu lernen und besser zu werden,
oder
Sie können es als ein lästiges Problem
betrachten, das Sie an der Erreichung
eines Zieles hindert.**

**Betrachten Sie es
als eine Herausforderung,
werden Sie viel Spaß und Energie haben.
Betrachten Sie es aber
als ein lästiges Problem,
werden Sie sich quälen und abmühen.**

Warum behalten Sie
Ihren Ärger bei?

Vielleicht glauben Sie,
sich nicht zu ärgern, bedeute,
daß Sie dem anderen Recht geben,
daß der andere mit Ihnen machen
kann, was er will,
daß Sie gleichgültig sind oder gar
gutheißen, was geschieht.

Oder behalten Sie Ihre Gereiztheit bei,
weil Sie es dem anderen geben wollen?

Schauen Sie einmal auf all
Ihre Verspannung und Enge,
die Sie in Ihrem Körper erzeugen.

Welch eine Verschwendung von Energie!

Entspannen Sie sich,
Ihnen zuliebe!

Auch wenn Sie im Recht sind,
können Sie akzeptieren,
wenn andere Ihnen nicht zustimmen.

Diese greifen Sie
nicht persönlich an,
auch wenn es manches Mal
den Anschein haben mag.

Die anderen sagen lediglich
ihre Meinung.

Hören Sie auf,
andere zu überzeugen,
daß Sie im Recht sind,
und schaffen Sie sich dadurch
Zufriedenheit.

Wenn Sie sich entscheiden,
die Situation zu akzeptieren,
wie sie ist,
dann ist das keine Kapitulation!!!

Es ist Ihre Entscheidung!

**Sie kommt durch Einsicht zustande,
nicht durch Furcht.**

**Die Bereitschaft, zu akzeptieren,
ohne sich als der Schwächere zu fühlen,
ist eine Fähigkeit,
die Sie entwickeln können,
und die Sie hegen und pflegen müssen.
Sie kommt nicht einfach so.**

Der Verzicht,
etwas um jeden Preis zu fordern,
ist keine Niederlage
oder
Unterwcrfung.

Sie verlieren
dadurch keine Stärke.

Im Gegenteil!!!
Sie bewahren,
ja, gewinnen Stärke.

Schauen wir uns die drei letzten Worte der zweiten Verschreibung noch etwas genauer an:

Was meinen wir mit „für diesen Augenblick”?

Alles im Leben verändert sich. Sie werden überrascht sein, wie oft sich die Dinge ändern und Sie das bekommen, was Sie wollen, o h n e Ihre Forderungen und o h n e Ihren Druck, wenn Sie die vier Verschreibungen zum Glücklichsein anwenden.

Für diesen Augenblick
hilft Ihnen, Ihren Geist
auf das Hier und Jetzt zu richten.

Das Hier und Jetzt ist alles,
was Sie haben.

Sie haben nur diesen Augenblick.
Das Gestern lebt nur noch in Ihrer
Erinnerung weiter
und
das Morgen existiert nur
in Ihrer Phantasie.

Wenn das Morgen kommt,
wird es immer das Jetzt sein.

Verschenken Sie nicht das Heute,
indem Sie auf das Morgen hoffen.

Was jetzt da ist,
ist da!

Das ist alles,
was Sie bekommen können,
jemals.

Wenn Sie Ihr Glücklichsein
aufschieben,
ist es verloren.

Hören Sie deshalb auf,
sich aus der Fassung zu bringen,
weil das Leben so ist, wie es ist.
Sie können es im Moment nicht ändern,
vielleicht eine Minute später,
oder in einem Monat.

Verändern Sie die Dinge,
die Ihnen nicht gefallen
und die Sie verändern können.
Aber machen Sie sich nicht unglücklich,
indem Sie fordern,
erst glücklich sein zu können,
wenn die Dinge so sind,
wie Sie sie haben möchten.

Entspannen Sie sich.
Hören Sie damit auf,
die Vergangenheit zu beklagen
und sich über die Zukunft zu sorgen.

So verlieren Sie die Gegenwart.

Genießen Sie das Jetzt,
auch wenn ein Teil von ihm
nicht so ist,
wie Sie es möchten.

Machen Sie Ihr Glück nicht
von Menschen oder Dingen
abhängig.

**Akzeptieren Sie,
daß das Leben niemals
so vollkommen sein wird,
wie Sie es sich im Geiste ausmalen.**

**Wenn Sie glücklich sein wollen,
müssen Sie lernen,
das ‚Unabänderliche'
als einen Teil Ihres Lebens
zu akzeptieren.**

**Warum sind Sie nicht nett zu sich
für diesen Augenblick?**

Manchmal ist das Leben elend,
aber Sie müssen sich
nicht elend fühlen.

Wenn Sie sich darum bemühen,
werden Sie erkennen,
daß es immer genügend gibt,
um glücklich
oder
zumindest zufrieden zu sein.

**Nutzen Sie Ihre Energie,
um das zu ändern,
was Sie nicht mögen.**

**Verschwenden Sie aber
Ihre Energie nicht,
indem Sie fordern,
daß die Dinge anders sein sollten,
als sie im Moment sind.**

Wenn Sie aufhören, zu fordern,
werden Sie entdecken,
daß alles ‚vollkommen' ist.
Wie zur Natur der Frühling
und der Herbst gehören,
wie zu einer Rose die Blüte
und die Dornen gehören,
wie zum Leben die Geburt
und der Tod gehören,
so gehören zum Menschen
die Freude und die Traurigkeit.

Der Mensch ist vollkommen,
so wie er ist.

Lassen Sie in Ihrem Geist
die dramatischen Stellen Ihres bisherigen
Lebens nochmals vorbeilaufen.

Konnten all Ihre Anspannung,
Furcht, Wut, Eifersucht, Sorge, Kummer
und Gereiztheit Ihre Probleme lösen?

Können Sie erkennen,
wie Sie die zweite Verschreibung

„Akzeptieren Sie,
was auch immer passiert,
für diesen Augenblick"

in jeder dieser Situationen
hätten gebrauchen können?

Erinnern Sie sich immer daran,
daß die zweite Verschreibung
Ihnen dabei helfen soll,
sich nicht mehr, Tag für Tag,
aufs neue unglücklich zu machen.

Wenn Sie sie befolgen,
können Sie Ihr Leben mehr genießen,
auch wenn die Dornen
noch größer werden.

Damit Sie das Leben
mit mehr Freude und innerer Harmonie
erleben können,
müssen Sie erkennen,
daß die Welt Ihnen nichts antut.

Sie selbst schaffen sich
all die Unzufriedenheit
und das Unglück.
Die Welt folgt lediglich ihren Gesetzen
und läuft, wie sie nun schon
seit Jahrtausenden läuft.
Sie können jedoch lernen,
diese Welt und die Menschen in ihr
mit anderen Augen zu sehen.

Beginnen Sie heute damit!

**Lassen Sie uns zusammenfassen,
was Sie leicht vergessen können:**

**Sie können akzeptieren,
was in diesem Augenblick geschieht,
und zur gleichen Zeit
müssen Sie nicht mögen,
was passiert.
Sie können das tun,
was in Ihrer Macht steht,
um zu verändern,
was veränderbar ist.**

**Akzeptieren Sie
jedoch das Unveränderbare.**

**Im Moment akzeptieren,
was auch immer passiert,
heißt nicht,
daß Sie Ihre Gedanken,
daß Unrecht geschieht,
aufgeben müssen.
Sie geben lediglich auf,
sich darüber unglücklich zu machen.**

**Sie können mehr Freude
in Ihrem Leben erfahren,
auch wenn die Dinge nicht so sind,
wie Sie sie haben möchten.**

Sie haben die Wahl,
im Moment zu akzeptieren,
was geschieht,
oder sich unglücklich zu machen.

Sie haben die Fähigkeit,
zu akzeptieren, was passiert.

Sie müssen sich nur entscheiden,
sich diese Fähigkeit zunutze zu machen.

Solange Sie leben,
werden Sie Einiges gewinnen
und Einiges verlieren.

Ihr Leben wird manchmal
vollkommen erscheinen
und manchmal unvollkommen.

Aber nur,
wenn Sie vom Leben
Vollkommenheit fordern,
werden Sie enttäuscht sein,
wenn es nicht so ist.

**Hier ist
die dritte Verschreibung
zum Glücklichsein.**

***Zeigen Sie Liebe
und eine akzeptierende
Haltung, auch wenn Sie
nicht das bekommen,
was Sie wollen.***

**Sie denken nun vielleicht,
daß die dritte Verschreibung
zum Glücklichsein empfiehlt,
daß Sie andere lieben sollen,
um ihnen etwas Gutes zu tun.**

NEIN, das will sie nicht sagen.

**Sie zeigen Liebe
und eine akzeptierende Haltung,
um sich selbst etwas
Gutes zu tun.**

Was meinen wir mit Liebe?

Liebe bedeutet nicht,
daß Sie höflich sind
oder schöne Geschenke machen,
obgleich Sie dies
aus Liebe tun können.

Liebe bedeutet,
daß Sie keine Schranken
zwischen Ihren Gefühlen
und anderen Menschen aufbauen.

Liebe ist ein Gefühl von
Zusammengehörigkeit und Offenheit.

**Wenn Sie jemanden lieben,
dann deshalb,
weil Sie beim anderen
einen Teil entdecken,
den Sie an sich selbst mögen.**

**Umgekehrt bemerken Sie,
wenn Sie jemanden ablehnen,
daß er etwas tut,
das Sie bei sich selbst ablehnen.**

Die Welt ist Ihr Spiegel.

Liebe ist ein Gefühl von
Offenheit,
Wärme,
Zusammengehörigkeit,
Verständnis,
Zusammensein,
Einheit.

Liebe und eine akzeptierende Haltung
sind n i c h t davon abhängig,
was im Leben passiert.

Sie können
Liebe und eine akzeptierende Haltung
zeigen,
auch wenn andere Menschen nicht
Ihren Vorstellungen entsprechen.

**Viele Menschen denken,
wenn sie jemanden akzeptieren,
dann bedeutet das,
daß sie alles an ihm lieben müssen.**

**Sie denken,
Liebe bedeutet,
sie dürfen nicht ‚nein' sagen
zu demjenigen,
den sie lieben.**

**Sie denken,
daß sich der andere ihre Liebe
erst verdienen muß.**

Sie denken,
daß Sie erst etwas leisten müssen,
um sich selbst akzeptieren zu können.

Sie denken,
daß schlechte Taten einen Menschen
zu einem schlechten Menschen machen.

In jedem Mensch
steckt jedoch die Fähigkeit,
sich und andere Menschen
zu lieben.

**Auch Sie können lernen,
sich zu akzeptieren,
gleichgültig,
was Sie sagen oder tun.**

**Auch Sie können lernen,
andere zu akzeptieren,
gleichgültig,
was diese sagen oder tun.**

Es gibt keine vollkommen
guten oder schlechten Menschen.
Jeder Mensch hat
Stärken und Schwächen.

Alle Menschen tun immer nur das,
von dem sie überzeugt sind,
daß es richtig und angemessen ist.

Da wir Menschen uns jedoch
hinsichtlich unserer Erfahrungen und
Einstellungen unterscheiden,
haben wir auch unterschiedliche
Auffassungen darüber,
was richtig und falsch,
gut und schlecht ist.

Sie können
jeden Menschen akzeptieren,
wenn Sie ihm zugestehen,
daß er nicht vollkommen ist.

Der andere
ist ebenso unvollkommen wie Sie.
Wenn Sie Ihre Augen nicht vor
Ihrer Unvollkommenheit verschließen,
dann können Sie auch
für andere Menschen offen sein.

Wenn Sie Ihre Liebe
an Bedingungen knüpfen,
lieben Sie nicht wirklich!

Anders gesagt:

Sie lieben sich,
wenn Sie sich so akzeptieren,
wie Sic sind.

Sie lieben andere,
wenn Sie diese so akzeptieren,
wie sie sind.

Sie können 'ja' zu anderen sagen,
wenn Sie 'ja' zu sich sagen können.

Sie können andere lieben,
wenn Sie sich selbst lieben.

Sie brauchen andere Menschen
nicht zu lieben,
weil diese verzweifelt Ihre Liebe
fordern.

Sie brauchen andere Menschen
nicht zu lieben,
weil diese Ihre Liebe benötigen.

Sie brauchen andere Menschen
nicht zu lieben,
weil diese es verdienen.

Sie brauchen andere Menschen
nicht zu lieben,
weil Sie von diesen auch
geliebt werden wollen.

Sie können
andere Menschen lieben,
einfach weil sie da sind!

Liebe ist kein Tauschhandel.

Das Prinzip
'Ich werde Dich lieben,
wenn Du mich liebst',
ist meist nicht wirksam.

**Was Ihnen hilft,
Ihr Glücklichsein zu erhöhen,
sind folgende Gedanken:**

**„Ich kann Dich immer akzeptieren,
denn ich weiß,
es kommt nicht darauf an,
was Du sagst oder tust.
Du bist ein Mensch mit Seiten,
die mir gefallen und die mir
nicht gefallen.
Auch wenn Du mir etwas sagst,
was mir nicht gefällt,
kann ich Dich akzeptieren,
denn ich weiß,
daß das nur Deine Meinung ist".**

**Wenn Sie daran denken,
daß wir als Menschen
alle fehlerhaft und unvollkommen sind,
daß wir alle versuchen,
auf unsere Weise
unser Bestes zu geben,
dann werden Sie ein Gefühl
der Liebe und Zusammengehörigkeit
verspüren.**

**Wie können Sie nun die Liebe
zu anderen Menschen vergrößern?**

**Wenn Sie sich selbst
voll und ganz annehmen können,
wenn Sie ja zu sich sagen können,
dann können Sie auch für andere
Menschen offen sein.**

Beginnen Sie deshalb bei sich!

**Schauen Sie sich
im Spiegel liebevoll an
und lächeln Sie.**

Sie besitzen alles,
um Ihr Leben zu genießen
und sich daran zu erfreuen.

Manchmal mögen Sie das vergessen
oder vielleicht daran verzweifeln.

Alles,
was Sie vielleicht als unvollkommen
oder schlecht ansehen,
hat seinen Platz
und gehört zu Ihnen.

Sie können nur zufrieden sein,
wenn Sie das Unvollkommene annehmen,
anstatt es zu verleugnen.

Wenn Sie sich
anderen Menschen öffnen,
werden Sie dabei manchmal
auf wenig Verständnis stoßen.

Denken Sie dann daran,
daß die anderen ihre Liebe
und akzeptierende Haltung
vielleicht nicht so ausdrücken können
wie Sie,
oder vielleicht sogar
Angst davor haben.

Versetzen Sie sich
in den anderen hinein,
in das,
was er sagt und tut.

In a l l e m, was andere tun,
steckt auch ein Teil von Ihnen.

Machen Sie sich offen dafür,
die Schönheit in Ihrem eigenen Leben
zu sehen und zu schätzen.
Dann werden Sie auch die Schönheit
anderer sehen und schätzen.

Vielleicht aber
gehören Sie zu den Menschen,
die nichts Schönes in ihrem Leben
entdecken können.
Wenn das der Fall ist,
dann können Sie das leicht ändern.

Nicht das,
was Sie in der Vergangenheit
erlebt haben, bestimmt darüber,
ob Sie glücklich und zufrieden sind.

Die Vergangenheit
ist aus und vorbei.
Sie lebt nur noch
in Ihrer Erinnerung weiter.

**Lenken Sie Ihren Geist
auf das Heute und leben Sie
Augenblick für Augenblick
so glücklich wie nur möglich.**

**Machen Sie sich das Heute
so schön wie nur möglich
und Sie werden sich morgen
gerne daran erinnern.**

**Die Natur hat Ihnen die Fähigkeit
gegeben,
t r o t z a l l e m ...
glücklich und zufrieden zu sein.
Machen Sie sich
diese Fähigkeit zunutze!**

Lassen Sie uns nun
den zweiten Teil
der dritten Verschreibung anschauen:

„Zeigen Sie Liebe und
eine akzeptierende Haltung,
auch wenn Sie nicht
das bekommen,
was Sie wollen."

Den meisten Menschen fällt es leicht,
Liebe zu zeigen,
wenn Sie das bekommen,
was Sie möchten.

Es ist einfach,
sich zu freuen,
wenn die Sonne scheint.

Aber das Leben besteht
nicht nur aus Sonnenschein.

Im Leben gibt es auch
Regen und Gewitter,
Erfolg und Mißerfolg wechseln
sich ab.

**Sei es,
daß Sie selbst etwas
hätten anders machen wollen,
als Sie es tatsächlich getan haben;**

**sei es,
daß andere sich hätten
anders verhalten sollen,
als sie es getan haben.**

**Die Wirkung ist immer die gleiche:
Sie sind verärgert oder gar wütend,
enttäuscht oder gar deprimiert.**

**Sie können sich und andere
dann nicht akzeptieren.**

Was Sie daran hindert,
ist Ihre Einstellung,
daß Sie das bekommen müssen,
was Sie möchten,
und daß alles nach Ihren Vorstellungen
verlaufen muß.

Das Einzige aber,
worüber Sie vollkommen
bestimmen können, ist,
wie Sie denken, fühlen und handeln.

Andere Menschen tun,
was ihnen gefällt,
und was sie für richtig halten.
Sie haben darüber keine Kontrolle.

Was Sie also lernen müssen,
wenn Sie sich ein glückliches
Leben schaffen wollen, ist,
daß Sie akzeptieren,
daß Sie keinen Anspruch
auf die Erfüllung Ihrer Wünsche haben.

Sie müssen lernen,
daß andere ein Recht
auf ihre Meinung haben, –
auch wenn sie falsch ist.

Zeigen Sie auch dann Liebe,
wenn Sie nicht das bekommen,
was Sie wollen.
In der Liebe
zu sich und anderen
gibt es keine aber.

Rufen Sie sich in Erinnerung,
wenn Sie andere ablehnen:

„Es gibt keinen Grund,
einen Menschen abzulehnen.
Andere tun oder sagen lediglich etwas,
was mir nicht gefällt.
Sie haben ein Recht darauf,
auch wenn ich anderer Meinung bin.
Sie sind Menschen wie ich,
mit Fehlern und Schwächen.
Sie tun nur das,
was sie für richtig und das Beste halten,
und ich tue nur das,
was ich für das Beste halte".

Es ist nicht einfach.
Sie müssen es üben!

Aber ebenso,
wie Sie gelernt haben,
andere abzulehnen,
wenn Ihre Wünsche nicht erfüllt werden,
können Sie auch lernen,
andere zu akzeptieren.

Sie können nichts dabei verlieren.
Sie sind bereits unglücklich.

Sie können aber eine Menge gewinnen,
mehr
Zufriedenheit,
Glück
und Liebe.

Solange Sie für andere Menschen
keine Liebe empfinden können,
werden Sie nicht glücklich sein.

Machen Sie sich keine Sorgen darüber,
ob andere Menschen Sie lieben.
Das ist deren Problem.

Sie können andere Menschen lieben,
auch wenn diese Sie nicht lieben.

Alle Menschen sehnen sich danach,
sich wohlzufühlen und geliebt zu werden,
aber nicht alle kennen
den richtigen Weg.

Hier ist nun
die letzte der vier
Verschreibungen zum Glücklichsein.

Respektieren und
achten Sie sich,
was immer Sie tun
und erleben.

Diese Verschreibung ist
die wichtigste von allen.

Nur,
wenn Sie sich selbst achten,
sind Sie auch in der Lage,
andere zu achten.

Nur,
wenn Sie sich selbst respektieren,
dann können Sie auch
andere lieben und respektieren.

Nur,
wenn Sie sich selbst mögen,
können Sie ein glückliches Leben
führen.

Selbstachtung ist das Wertvollste,
das Sie in Ihrem Leben
besitzen können.

Nur ein Mensch kann Sie Ihnen geben:
Sie selbst.

Machen Sie sich dieses Geschenk.
Es kostet so wenig
und ist doch so kostbar.

Es ist Ihre Entscheidung!

Wenn Sie sich ablehnen
und gering von sich denken,
dann müssen Sie deprimiert
und verzweifelt sein.

Ihr Leben ist dann ausgefüllt
mit Angst und Einsamkeit.
Die Welt erscheint Ihnen dann kalt
und ablehnend.

**Wenn Sie sich achten und respektieren,
dann werden Ihnen
all die Freude und das Glück
dieser Welt zuteil.**

**Sie werden sich dann
an Ihrem Leben erfreuen
und es genießen.**

**Was bedeutet es nun,
sich selbst zu achten?**

**Es bedeutet,
daß Sie sich als wichtig und wertvoll
ansehen.**

**Es bedeutet,
daß Sie sich verzeihen und
Nachsicht zeigen,
wenn Sie sich irren.**

**Es bedeutet,
daß Sie sich selbst
ein guter Freund sind.**

Wahre Selbstachtung
hat nichts mit Eigenliebe zu tun.

Es geht nicht darum,
daß Sie allen Menschen zeigen,
was für ein toller Mensch Sie sind.

Sie sollen nicht
nach dem Beifall der anderen ringen.

Sie sollen nicht
von sich eingenommen sein und
auf andere herabschauen.

**Wenn Sie sich wirklich achten,
dann haben Sie diese Spiele nicht nötig.**

**Sie müssen dann
niemanden etwas beweisen
und haben es nicht nötig,
sich für etwas Besseres zu halten.**

**Sich selbst zu achten,
ist wie eine heimliche und stille Liebe.
Niemand weiß von ihr
und doch sieht man
dem verliebten Menschen an,
daß er sehr, sehr glücklich ist.**

Schauen wir uns
den zweiten Teil der Verschreibung an:

„was immer Sie tun und erleben".

Das bedeutet, daß Sie aufhören,
sich mit Vorwürfen zu quälen
und sich anzuklagen,
wenn Ihnen etwas nicht gelingt.

Das bedeutet, daß Sie aufhören,
sich ein strenger
und unerbittlicher Richter zu sein.

Das bedeutet, daß Sie aufhören,
neue Dinge nicht auszuprobieren,
nur weil Sie Ihnen nicht auf Anhieb
gelingen.

Anderen verzeihen Sie
ihre Fehler und Schwächen.

Sie sagen:
„Irren ist menschlich"
oder
„Das kann jedem passieren"
oder
„Das ist nicht so schlimm".

Nur bei sich selbst dulden Sie
keine Fehler und Schwächen.

Sie verlangen von sich,
perfekt sein zu müssen.
Sie setzen sich hohe Ziele
und haben keine Nachsicht,
wenn Sie diese nicht erreichen.

Sie behandeln sich
wie der letzte Dreck,
wenn Ihnen etwas nicht gelingt.
Sie machen Ihre Selbstachtung
von Ihrer Leistung und Ihrem Erfolg
abhängig.

Wenn Sie glücklich sein möchten,
dann müssen Sie damit aufhören.

Ihre Leistung in einem Augenblick
ist ein ganz kleines Teilchen
Ihrer Person.
Sie kann niemals Ihre gesamte Person
in Frage stellen
oder gar wertlos machen.

Von Ihrer Geburt bis zu Ihrem Tode
bleiben Sie immer Sie selbst –
immer liebenswert und wertvoll.

Seien Sie sich selbst ein guter Freund.

**Sagen Sie sich selbst die freundlichen
und aufmunternden Worte,
die Sie auch einem Freund sagen würden,
wenn er zu Ihnen käme und Ihnen
sein Leid klagen würde.**

Wollen Sie es tun?

Verbannen Sie
Ihre bestrafenden und harten Worte
aus Ihrem Kopf.

Sie mögen es nicht,
wenn andere Sie ablehnen
und Ihnen häßliche Dinge sagen.
Warum tun Sie sich
all das selbst an?

Es gibt nichts,
das es rechtfertigen würde,
daß Sie sich selbst
verurteilen und bestrafen.

**Gleichgültig,
wie groß und schwerwiegend
Ihre Fehler sind,
Ihre Selbstverachtung macht sie
nicht ungeschehen.**

**Sie tun niemandem einen Gefallen,
am allerwenigsten sich selbst,
wenn Sie sich verurteilen.**

**Sie sind lediglich deprimiert
und nehmen sich die Möglichkeit,
aus Ihren Fehlern zu lernen.**

Wollten Sie einen Fehler machen?
Wollten Sie all das,
was geschehen ist und für das
Sie sich nun verurteilen?

Sicherlich nicht.

Sie haben lediglich
nach bestem Wissen gehandelt
und das ist alles,
was Sie tun konnten.

Oder fordern Sie von sich,
in die Zukunft schauen zu können?
Fordern Sie von sich,
jetzt wissen zu müssen,
was im nächsten Augenblick
oder morgen sein wird?

Dann verlangen Sie etwas Unmögliches.
Sie können immer nur tun,
wovon Sie im Moment
des Handelns überzeugt sind,
daß es richtig oder angemessen ist.
Das ist alles,
was Sie tun können.
Sie sind
wie jeder andere Mensch fehlerhaft.
Seien Sie tolerant zu sich
und verzeihen sich diese Eigenschaft.

**Wenn es Ihnen wirklich ernst ist,
mehr Freude und Zufriedenheit
in Ihrem Leben zu erfahren,
dann machen Sie sich die Worte
auf den nächsten beiden Seiten
zu einem täglichen Gebet.**

„Selbstachtung ist das Wertvollste, das ich besitzen kann.
Ich entscheide mich deshalb ab heute dafür, mich nicht mehr zu verurteilen und abzulehnen.
Ich akzeptiere mich so, wie ich bin.
Ich verzeihe mir meine Fehler und Schwächen und akzeptiere, daß ich nur ein fehlerhafter Mensch bin.
Ich bin einzigartig.

Niemals zuvor gab es einen Menschen wie mich und niemals wird es einen Menschen geben, der mir gleicht.
Alles, was ich tue und sage, denke und fühle, gehört zu mir. Ich werde es deshalb als einen Teil von mir annehmen.

Meine Erfolge gehören ebenso zu mir wie meine Fehler. Solange ich nett und freundlich zu mir bin, habe ich den Mut und die Hoffnung, nach Lösungen für meine Fehler zu suchen.

Ich bin ich. Ich verdiene es, daß es mir gut geht.
Ich werde mir deshalb selbst ein guter Freund sein und mich achten und respektieren".

So, nun haben Sie alle vier Verschreibungen zum Glücklichsein erfahren:

1. ***Bemühen Sie sich, das zu bekommen, was Sie möchten, aber fordern Sie es nicht.***

2. ***Akzeptieren Sie, was auch immer passiert, ...für den Augenblick.***

3. ***Zeigen Sie Liebe und eine akzeptierende Haltung, auch wenn Sie nicht das bekommen, was Sie wollen.***

4. ***Respektieren und achten Sie sich, was immer Sie tun und erleben.***

Wenn Sie mehr Freude und Zufriedenheit
in Ihrem Leben erfahren wollen,
dann handeln Sie nach ihnen.

Das ist oft nicht so einfach wie die
Einnahme von Pillen.

Es gibt kein Geheimnis um diese
vier Verschreibungen.
Sie sind nur solange wirksam,
wie Sie sich nach ihnen verhalten.

Wenn Sie aufhören,
nach ihnen zu leben,
dann wird auch
ihre Wirkung verschwinden.

Menschen,
die glücklich und zufrieden sind,
haben es sich zur Gewohnheit gemacht,
diese vier Verschreibungen
in ihrem täglichen Leben einzusetzen.

Wenn Sie damit beginnen,
die vier Verschreibungen zu beherzigen,
werden Sie das zunächst als anstrengend
und schwierig erleben.

Ein manches Mal werden Sie verzweifeln,
ob Sie auf dem richtigen Weg sind.

Aber Sie werden schon bald merken,
welche Erfolge Sie damit haben,
und allmählich ist es für Sie
ganz normal und natürlich,
danach zu leben.

Das Handeln nach den Verschreibungen
zum Glücklichsein ist viel einfacher
als all das Elend und Unglücklichsein,
das Sie sich bis jetzt auferlegt haben.

Es wird vielleicht Monate
oder sogar Jahre dauern,
bis Sie sich
diese neuen Denkgewohnheiten
zu eigen gemacht haben.

Sie müssen lernen,
diese in schwierigen Lebenssituationen
einzusetzen,
denn das ist die Zeit,
wo Sie sie am meisten benötigen.

Haben Sie Geduld mit sich;
wenn es ganz einfach wäre,
würden alle Menschen um Sie herum
sie einsetzen;
wenn es ganz schwer wäre,
würde niemand es tun.

Geben Sie sich zuliebe nicht auf!

Erinnern Sie sich nur daran,
daß Sie nicht vollkommen sind;
kein Mensch ist vollkommen.

Ein manches Mal werden Sie
in der Anwendung dieser Verschreibungen
keinen Erfolg haben.

Das ist kein Grund,
deprimiert oder verzweifelt zu sein.

Wenden Sie sie einfach einmal mehr an,
als Sie unglücklich sind,
und Sie haben gewonnen.

So, nun wissen Sie alles!

**Es gibt nur einen Menschen auf der Welt,
der Sie wirklich glücklich machen kann:**

SIE!

**Wie wäre es,
wenn Sie diesen Menschen näher
kennenlernen würden?**

**Für die Anfänger unter uns,
gehen Sie zum Spiegel,
lächeln Sie und sagen: „HALLO".**

Nun sagen Sie sich selbst,
daß Sie eine Zeitlang
darauf verzichten werden,
soviel Energie darauf zu verschwenden,
die Menschen um sich herum
zu verändern.
Es hat bis jetzt wenig Erfolg gebracht,
oder?

Setzen Sie stattdessen
Ihre ganze Energie dafür ein,
Ihre Einstellungen zu sich und
anderen Menschen zu verändern.

Setzen Sie die vier Verschreibungen
zum Glücklichsein so oft wie nur möglich
im Alltag ein.

**Das Leben vergeht sehr schnell.
Zögern Sie deshalb nicht!**

**Jede Stunde,
die Sie damit verbringen,
unglücklich zu sein,
sind 60 verlorene Minuten,
um glücklich zu sein.**

**Warten Sie nicht,
bis die Zeit reif ist.**

**Sie ist es heute,
JETZT.**

**Sie können weder Zeit finden,
noch Zeit verlieren.**

Sie werden jeden Tag immer nur 24 Stunden zur Verfügung haben, nicht mehr und nicht weniger.

Alles, was Sie tun müssen,
ist,
sich die Verschreibungen
gut einzuprägen,
und so oft wie möglich
danach zu handeln.

Viele Menschen denken,
sie können erst
glücklich und zufrieden sein,
wenn ihre Hoffnungen und
Forderungen erfüllt sind.

Erfreuen Sie sich an dem,
was Sie besitzen,
anstatt sich darüber unglücklich zu machen,
was Sie nicht besitzen.

**Sie berauben sich der Erfahrung,
zufrieden zu sein,
wenn Sie Ihrem Geist erlauben,
sich damit zu beschäftigen,
was Sie nicht haben.**

**Sie erlauben sich dann nicht,
das zu genießen,
was Sie bereits besitzen.**

**Wann immer Sie Ihren Geist
auf Dinge lenken, die Sie haben,
und sich an ihnen erfreuen,
werden Sie unendliches Glück erfahren.**

Was für eine Verschwendung!

Sie haben so viel,
aber Sie halten es für selbstverständlich,
ja, noch viel schlimmer,
Sie halten s i c h für selbstverständlich,
und oftmals schätzen Sie sich ganz
gering ein.

**Wie lange wollen Sie Ihrem Geist
noch erlauben,
daß er sich zwischen Sie
und Ihr Glück stellt?**

Wenn Sie sich unwohl fühlen,
erinnern Sie sich daran,
daß Sie es sind,
der sich diese Gefühle macht,
und daß Sie, und nur Sie,
es schaffen können, sich besser zu fühlen.

Glücklichsein ist ein
Do – It – Yourself – Spiel.

Warten Sie also nicht länger darauf,
daß die Menschen um Sie herum
Sie glücklich machen.

Warten Sie nicht darauf,
daß die Welt sich nach Ihren Vorstellungen
dreht.

Es genügt nicht,
wenn Sie die Verschreibungen lediglich
anwenden wollen,
aber niemals über diesen Wunsch
hinausgelangen.

Es genügt auch nicht,
dieses Büchlein einmal zu lesen,
und es dann beiseite zu legen.

Sie haben dann vielleicht
beim Lesen etwas Freude gehabt,
aber diese wird rasch
wieder verschwinden.

Wenn Sie sich dauerhaft mehr Freude
schaffen wollen,
müssen Sie Ihre Denkgewohnheiten
ändern und täglich aufs neue
nach den Verschreibungen handeln.

An dieser Stelle sei noch ein Wort zur Vorsicht gesagt:

Verlangen Sie nicht, daß andere
diese Verschreibungen anwenden.
Laufen Sie nicht wie ein Missionar umher,
der die absolute Wahrheit gefunden hat,
a u c h wenn es für Sie stimmt.

Andere Menschen haben das Recht,
für sich selbst zu entscheiden.

Seien Sie für andere
ein Vorbild und
diese werden Ihnen folgen.

Wenn Sie die Verschreibungen
zum Glücklichsein anwenden,
wird Ihnen Ihre Veränderung wie ein
Wunder erscheinen –
und vielleicht auch anderen.

Und das Schöne dabei ist:

Sie können dieses Wunder
selbst vollbringen.

Wir wünschen Ihnen von
ganzem Herzen, daß Sie
den Mut und die Ausdauer
haben werden,
Ihr Leben zum Positiven zu wenden.

Doris Wolf + Rolf Merkle